透明和菓子ごよみ

鳥居満智栄

JN023580

淡交社

透明和菓子の世界へようこそ。

幼いころから心を奪われたのは、手を伸ばしても届かない
透明な世界の向う側にある世界。
吸い込まれそうなその世界には何があるのでしょう。
不思議と引き込まれませんか。
透明な澄んだ世界に思いを馳せていると時間を忘れてしまいます。

そんな透明な世界を和菓子で表現してみたくて、
寒天とアガーという海藻由来の身体にも良い素材を
存分にいかした和菓子を考案いたしました。
透明和菓子は、寒天とアガー、
そして水と砂糖さえあれば簡単に作れてしまいます。

本書では、寒天とアガー、それぞれの特質を把握した上で
一年中楽しめる、さまざまな透明和菓子の提案をいたします。
透明感を優先させるのならアガーを、キリっと緊張感のある
エッジのきいたフォルムを作るなら文句なしに寒天です。
その違いもお伝えしながらオリジナルレシピをご紹介いたします。
皆さまも透明和菓子の世界に遊び、食してまいりましょう。

透明和菓子ごよみ

Contents

目次

撮影：福田栄美子　スタイリング：鳥居満智栄
デザイン：goodman inc.　佐々木まなび・渡邉小葉

透明和菓子の必需品！

「寒天」と「アガー」ってどんなもの？

左より、「寒天」「アガー」

料理や菓子作りで材料を固めるために必要なのは凝固剤です。代表的な凝固剤としては動物由来のものに主成分が牛や豚のコラーゲンのゼラチンがあり、植物由来のものに海藻を主成分とする寒天とアガーがあります。本書で紹介する透明和菓子では、動物由来のゼラチンは使用せず、植物由来の寒天とアガーを使って透き通った和菓子を制作します。寒天は、江戸時代に偶然が生み出した産物でした。寒い冬、テングサから作ったところてんを戸外に出して忘れていたところ凍ってしまい、夜が明けてとけると水分がしみだして乾物のようになってしまいました。これを試しに煮溶かして冷ましてみると再び固まったのです。食べてみると海藻くささもなく料理や菓子に使えるということで食材として活用されるようになりました。寒天は主にテングサとオゴノリという海藻から作られており、角寒天や糸寒天、そして近代になって使いやすい粉末の粉寒天ができました。寒天は、英語でアガーと言いますが、ここで使用するアガー粉は同じ海藻由来でも主成分となるのはカラギーナンを豊富に含んだスギノリとツノマタという海藻です。アガーは寒天よりも弾力があり、寒天のように砂糖を多く入れなくても透明度が高いので料理や洋菓子だけでなく、和菓子でもよく使われるようになってきました。

■ 寒天　Kanten

寒天は、海藻のテングサなどから煮出した粘液質を冷凍乾燥させたものです。産地としては寒冷な長野県が有名です。粉寒天・角寒天・糸寒天があります。粉寒天は高純度で溶けやすい性質のため扱いやすく、本書では粉寒天を使用します。注意点としては、先に砂糖を入れないこと。砂糖を入れて煮溶かそうとすると寒天自体が充分に溶解せず凝固しづらくなるためです。必ず寒天を沸騰させて溶かしてから砂糖を入れるようにしましょう。粉寒天は分量の水に粉寒天を振り入れて2〜5分おいてから加熱して溶かします。固めたものを冷凍庫で保存することができるのも特徴の一つです。

＊粉寒天の扱いの基本　500ccの水に対して、粉寒天4g

1 分量の水に粉寒天を入れ、5分間ほどおく

2 電子レンジでしっかり沸騰させる

3 砂糖を加えてよく混ぜる

■ アガー　Agar

アガーは、透明度が高く光沢の美しい無味無臭の凝固剤です。近年では洋菓子だけでなく和菓子や料理の材料として多く使われるようになりました。90度以上の熱い液体に溶かしますが、寒天ほどしっかり煮溶かす必要がなく、30〜40度で固まって常温でも型崩れしません。アガーの取り扱いの注意点は常温で固まるので、手早く作業しないと固まってしまうのと、ダマになりやすいため、砂糖と混ぜてから水を加えて溶かして加熱するとことです。

＊アガーの扱いの基本

1 アガーと上白糖を混ぜ合わせておく。

2 少しずつ水を入れてダマにならないように溶かす。

3 電子レンジで2分→1分と時間を区切って加熱し、そのつど取り出してかき混ぜる。

4 泡が立ち始めたらレンジから取り出しよく混ぜる。

寒天とアガー、海藻からできているのに扱いかたが全く違いますね。次のページで、凝固する際の特質を見ていきましょう。———→

素材の基本　凝固する際の特質

◆ 透明度について

寒天は、砂糖の量が多いほど透明度が高まります。寒天の透明度を見てみましょう。
＊アガーは、砂糖を入れなくても透明度が高いままです。

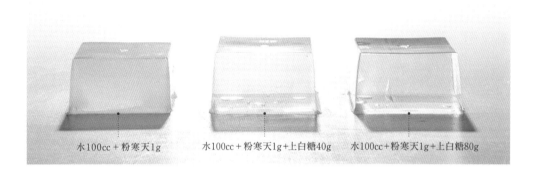

水100cc＋粉寒天1g　　水100cc＋粉寒天1g＋上白糖40g　　水100cc＋粉寒天1g＋上白糖80g

◆ 硬さの違い

アガーは砂糖を入れても入れなくても透明度も高く柔らかく固まり、弾力があります。寒天ははっきりデータがあるわけではありませんが、砂糖がおおくなると固さにも影響があると思われます。カチッと固い感じで固まります。透明度を強調したい場合は、寒天ではなくアガーを使い、カチッとすっきり固めたい場合は寒天を使います。
＊粉寒天は少量でカチッとしたかたちに固まりますが、アガーは弾力のあるかたちで固まります。
　分量を増やすといくぶん固い感じになります。

水100cc＋砂糖40g＋アガー2g　　水100cc＋砂糖40g＋粉寒天1g　　水100cc＋砂糖40g＋アガー4g

粉寒天もアガーもメーカーによって成分が違うため、商品の説明に従って作って食感を確かめ、
分量を調整しお好みの硬さに仕上げるとよいでしょう。

◆ 半固まりって？

下層を羊羹、上層を寒天にする場合、上と下が離れないようにするために寒天液を入れるタイミングが大切です。下層の羊羹地が完全に固まる前、弾力を残している半固まりの状態で寒天液を流し込みます。この見極めはむずかしいようですが、表面を指でそっとさわると指に生地がつくかつかないかぐらいの感じ、揺らすと表面が柔らかく揺れる感じととらえましょう。アガーで作る場合も同様です。

Column　あんについて

羊羹の原材料であるあんは、冷蔵庫から出してすぐだと寒天液やアガー液の温度が急に下がり固まりやすくなるので、室温に戻してから使いましょう。沸騰させた寒天液に室温に戻したあんを混ぜ込み、なめらかになじむまで混ぜていきます。途中、温度が下がってなじむ前に固まってきたようなら数秒ほど電子レンジで加熱して溶かして混ぜていきます。

素材の基本　ねりきり生地の作りかた

◆ ねりきり生地の作りかた

材料
- 白あん …150g　　・ぎゅうひ …10g　　・水あめ …3g
  ＊作り方は右記参照

作りかた

1 白あんはゴムべらで切り込んで表面積が広くなるよう山切りにする。

2 フタをせずに電子レンジで2分加熱し、途中「パチパチ」と音がしたら取り出してムラ焼けしないように混ぜて水分を飛ばす。水分の様子を見ながらさらに1〜2分加熱し混ぜる。加熱と混ぜ込みを繰り返してべたつかないようになるまで水分を飛ばしたらぎゅうひを加える。

3 木べらにかえてさらに煉りこみ、粘土状にまとまってきたら乾燥をふせぐために水あめを加えて煉りこむ。

4 粘土のようなかたさになればよい。

◆ ねりきり生地の染めかた

1 ねりきり生地と数滴の水で溶かした色粉を準備する。

2 ねりきり生地に水に溶かした色粉をつけ、もみ込むようにねり込む。

＊量が多いときには、スクレパーを使うと便利。

＊一度に濃く染めると色を薄くできないため、少しずつ様子を見ながら染めてゆく。

◆ ぎゅうひの作りかた

材料　出来上がり70g

・白玉粉 …20g　　・水 …40cc　　・上白糖 …40g　　・片栗粉(手粉用) …少々

作りかた

1 ボウルに白玉粉を入れ水を少しずつ入れて耳たぶくらいの柔らかさになるまでよくねり、残りの水を加えて溶かし、上白糖を入れて混ぜる。

2 フタをして電子レンジで加熱(約1分)してしっかりかき混ぜ、さらに加熱(30秒)して透明感が出てねばりが出るまでしっかりかき混ぜる。

3 片栗粉を敷いたバットに取り出し、手粉をしてねりきりの生地用に10gを取り分ける。残りの生地は10gずつ小分けして冷凍保存し、使うときに解凍するとよい。

これくらいのねばり加減にする。

Check!

透明和菓子作りの前に気をつけたいこと、知っておきたいこと

◆ 材料は、すべて作りやすい分量となっています。

◆ 手でじかに材料をさわることもあるので、道具類とともに手元はいつも清潔に消毒しながら作りましょう。

◆ 本書で紹介する透明和菓子は、容器によってかたちを変えられるものがほとんどです。基本は流し缶に流し込み切り分けるものが多いですが、洋菓子の型などを利用して切り分けてもよいですし、グラスに流し込んでお一人ずつ用としてもよいでしょう。

◆ 豆腐ケースは、熱い液を流すため、熱に耐えられる充填豆腐のケースを使用してください。

◆ 本書では600Wの電子レンジを使用し、加熱時間はこの600Wでの時間の目安です。電子レンジは個々に差がありますので、材料の様子を見ながら加熱時間は調整してください。

◆ 流し缶など生地を流し込む容器は、あらかじめ水にくぐらせておきましょう。

クラウンフラワー

春 Spring

彩り豊かな花の競演

材料　6コ分

- ·粉寒天　　…1g
- ·水　　　　…150cc
- ·上白糖　　…80g
- ·カルピス　…40cc
- ·かき氷シロップ
  （イチゴ・メロン・ハワイアンブルー・レモン）　…少々
- ·色粉（紫）　　　　　　　　　　　　　　　…少々

器具

- ·流し缶（7.5×12×4.5cm）　…1コ
- ·セルクル（直径3.5cm）　　…1コ
- ·充填豆腐ケース
  （5.5×5.5×3.5cm5コ）　…5コ

準備

粉寒天は、分量の水に振り入れて3分ほどおく。

色粉は少量の水で溶かしておく。

作りかた

1　水に浸した粉寒天を電子レンジで2分加熱して沸騰させてよく溶かす。上白糖を入れて混ぜ、電子レンジで20秒加熱して完全に溶かす。

2　寒天液から80g取り分けてカルピスを加えて混ぜ、流し缶に流し入れて固まるのを待つ。

3　2の残りの寒天液を豆腐ケース5つに均等に入れ、それぞれにかき氷シロップと紫の色粉を水で溶いたものを入れ、五色の寒天を作る。

4　2が固まったら流し缶から取り出してセルクルで6つに型抜きし〈A〉、細かく刻んだ五色の寒天〈B〉を上に飾る。

＊　上に飾る色とりどりの寒天は、ここでは手に入りやすいかき氷シロップを使いましたが、お好みのシロップでお作りくださいね。色数もレシピにとらわれずに。

＊　デコレーションは人それぞれ。楽しんで盛りつけてください。

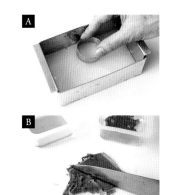

春うらら

春 Spring

春のほんわり暖かなイメージを表現。
桜の香りと、小さなもちもち感が楽しい

材料

- 道明寺粉(4割大粒) …10g (5g×2)
- 水　　　　　　　…20cc (10cc×2)
- 色粉(赤・黄)　　　　　　…少々

- アガー　　　　　…8g
- 上白糖　　　　　…80g
- 水　　　　　　　…200cc
- 桜リキュール …20cc

器具

流し缶
(7.5×12×4.5cm) …1コ

準備

アガーと上白糖をよく混ぜる。

水10ccに赤の色粉と黄の色粉をそれぞれ入れてかき混ぜ、道明寺粉を5gずつ入れる〈A.B〉。水分を吸い込んだら混ぜ、ラップをかけて電子レンジでそれぞれ30秒加熱してさっくり混ぜる。10分ラップをかけ直して蒸らして芯がなくなったらさっと水洗いする〈C〉。

作りかた

1 よく混ぜたアガーと上白糖に水を少しずつ入れて溶かし、電子レンジで2分加熱し取り出してかき混ぜ、さらに1分加熱し取り出してかき混ぜる。これを繰り返し、小さな泡が立ち始めたらレンジを止めてよく溶かし、粗熱を取る。

2 1に桜リキュールを加え、水でさらした道明寺粉も入れて混ぜ〈D〉、流し缶に流し込んで沈まないようヘラでゆっくりとかき回す〈E〉。とろみが出てきたらかき回すのをやめ、冷やして固める。

3 流し缶から取り出し、器に合わせた大きさに切り分けて盛りつける。

* 道明寺粉には粒の大きさに種類があります。4割とは蒸して乾燥させたもち米を1/4に割ったものです。

* ゆっくりかき回すのは、道明寺粉が底に沈んだり、偏ったりさせないためです。

* アガー液は、固まり始めると膜が張るので、固まり始めたらすぐにかき回すのをやめましょう。

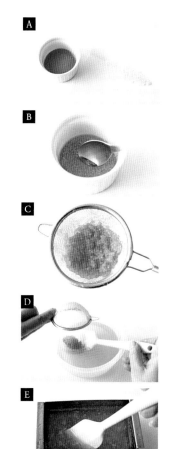

A

B

C

D

E

しずく

春 Spring

透明な中に閉じ込められたひと雫

材料　6コ分

■ 寒天生地
- 粉寒天　…1g
- 上白糖　…80g
- 水　…200cc

■ 中あん
- 白あん　…60g
- マンゴパウダー　…小さじ1/2
- ストロベリーパウダー　…小さじ1/4
- レモンパウダー　…小さじ1/2
- 色粉(赤・青・黄)　…少々

器具

- ココット型　…6コ

準備

粉寒天は、分量の水に振り入れて3分ほどおく。

白あんは、電子レンジで40秒加熱し水分を飛ばして3等分する。そのうち1つはマンゴパウダーを混ぜて黄色にし、2つに丸めておく。もう1つはストロベリーパウダーを混ぜてピンク色にし、2つに丸めておく。色味が足りない場合は、黄や赤の色粉で調節して色をつける。さらに1つにはレモンパウダーを混ぜて少量の水でといた青色粉を入れてブルーに染めて、2つに丸めておく。こうして3種類の中あんを準備する。

ココット型にラップを敷いておく〈A〉。

作りかた

1 水に浸した粉寒天を電子レンジで3分加熱し沸騰させて寒天をよく溶かす。上白糖を入れて混ぜ、20秒ほど電子レンジで加熱してよく溶かす。

2 対流がゆっくりになったら用意しておいたラップを敷いたココット型に寒天液を入れ、あん玉を入れて茶巾絞りの要領で口をとじてゴムで留め〈B〉、冷水をはったボウルに入れて冷やす。

3 固まったらラップをそっとはずして器に盛りつける。

＊中あんが寒天液の真ん中に入っていないと、ラップをはずしたときに割れる原因になるので注意しましょう。

春光

春 Spring

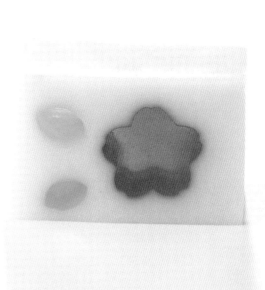

昔懐かしいミルク味に春の光を

材料　4コ分

■ 牛乳羹
- 粉寒天　　　　　…2g
- 牛乳（常温）　　…180cc
- 上白糖　　　　　…80g
- コンデンスミルク　…大さじ1

■ 飾り寒天液
- 粉寒天　　　　　…0.5g
- 水　　　　　　　…50cc
- 上白糖　　　　　…30g
- かき氷シロップ　…適量
  （いちご・メロン）

器具
- 流し缶
  （7.5×12×4.5cm）　…1コ
- 野菜抜き型（2.5cmの花型）
- タピオカ用ストロー　…1本
  （直径1.2cm）

準備

牛乳羹用の粉寒天は、分量の牛乳に振り入れて3分ほどおく。飾り
寒天液用の粉寒天は、分量の水に振り入れて3分おく。

タピオカ用ストローは8cmの長さに切り、つぶして葉のかたちにし
ておく〈A〉。

A

作りかた

1　牛乳に浸した粉寒天を電子レンジで30秒加熱し取り出してかき混
　ぜる。これを4〜5回繰り返し、寒天をしっかり溶かす。

2　1に上白糖とコンデンスミルクを入れて混ぜ、電子レンジで20秒加熱
　して溶かしてから流し缶に入れて冷やし固める。

3　牛乳羹が固まったら流し缶から取り出して十字に切って四等分
　し、それぞれに花形の型抜きと葉形にしたストローを差し込んで型
　を抜く〈B〉。花形と葉形を抜き出したものを流し缶に戻す。

B

C

4　飾り寒天用の粉寒天を浸した水は電子レンジで40秒ほど加熱し沸
　騰させて溶かし、砂糖を入れて混ぜ、レンジで20秒加熱して溶かす。
　50gを取り分けてイチゴシロップで赤く色づけて牛乳羹の花の部分
　に流し込む〈C〉。残りの寒天液はメロンシロップで緑に色づけし、葉
　の部分に流し込み、冷やして固める。

5　流し缶から取り出して盛りつける。

＊牛乳は、水と違い一気に加熱するときれいに溶けないので、徐々に
　熱を加えます。

薔薇の園

春 Spring

あまりに美しい
薔薇の花を閉じ込めたくて

材料　1ホール分

- ・アガー　　　…4g
- ・上白糖　　　…40g
- ・水　　　　　…100cc
- ・黄桃の缶詰　…1缶

器具

- ・厚焼きホットケーキ型
  （直径8.5×高さ3.5cm）　…1コ

準備

アガーと上白糖をよく混ぜる。

缶詰から黄桃2切れを取り出しシロップをよく切り、極力薄くスライスする〈A〉。

作りかた

1 薄く切った黄桃を端から巻いて花のかたちにし、型の端からゆるまないようにならべていく〈B.C〉。

2 よく混ぜたアガーと上白糖に少しずつ水を入れて溶かし、電子レンジで1分加熱して取り出しよく混ぜる。さらに1分加熱して泡が立ち始めたら取り出す。

3 粗熱が取れたら黄桃を並べた型に静かに流し込み、冷やし固める〈D〉。

4 型からそっと取り出して、器に合わせた大きさに切って盛りつける。

＊缶詰の黄桃は硬かったり柔らかかったりと個体差がありますので、巻きやすいものを選びましょう。

ジュエリースイーツ

春 Spring

かき氷シロップを使い、 さまざまな色や風味を楽しみましょう

材料　6コ分

- ·粉寒天　　　　　　　　…1g
- ·水　　　　　　　　　　…120cc
- ·上白糖　　　　　　　　…80g
- ·かき氷シロップ（メロン）…適量

器具

- ·流し缶
  （7.5×12×4.5cm）…1コ

準備

粉寒天は、分量の水に振り入れて3分ほどおく。

作りかた

1　水に浸した粉寒天を電子レンジで2分加熱して沸騰させ、よく溶かす。

2　1に上白糖を入れて混ぜ、電子レンジで20秒加熱してよく溶かし、かき氷シロップを入れて混ぜる。

3　2から30gを取り分けておく。残りの寒天液は流し缶に入れて冷やし固める。

4　3を流し缶から取り出し、1cmほどの大きさにランダムにカットする〈A〉。カットしたものを流し缶にランダムなまま戻す〈B〉。別取りしておいた寒天液は電子レンジで20秒加熱して溶かし、流し缶に全体にまわしかけて冷やし固める〈C〉。

5　流し缶から取り出し、6等分にカットして盛りつける〈D〉。

＊いちご・レモン・ブルーハワイなどいろいろなかき氷シロップを使い、さまざまなバリエーションを楽しんでください。

流 氷

氷が浮かぶ冬の海を
夏にいただく

材料　4コ分

■ 寒天液
- 粉寒天　…1g
- 水　…130cc
- 上白糖　…70g
- 青色粉　…少々

■ 氷羊羹
- 粉寒天　…1g
- 水　…70cc
- 上白糖　…10g
- カルピス　…30cc

器具

- 流し缶
  (7.5×12×4.5cm)　…1コ

準備

寒天液、氷羊羹の粉寒天をそれぞれ水に振り入れて3分ほどおく。

青色粉は、少量の水で溶いておく。

作りかた

1 氷羊羹用の水に浸した粉寒天を電子レンジで1分加熱し沸騰させ
　よく溶かす。上白糖を加えてよく混ぜて20秒電子レンジで加熱し、
　カルピスを入れ混ぜる。粗熱が取れたら流し缶に流し入れて固める。

2 1を取り出し、流氷のように切り分けて〈A〉、再び流し缶にセットする。

3 寒天液用の水に浸した粉寒天を電子レンジで2分加熱し沸騰させて
　よく溶かす。上白糖を入れて混ぜ20秒電子レンジで加熱し溶かし、水で
　溶いた青色粉を加えて色をつけ、2に静かに流し込んで冷やす〈B〉。

4 流し缶から取り出して、十字に四等分する。

＊ 流氷のかたちはイラストを参考にカットしてみてください。氷の間隔
　は8mm幅に切り抜くとよいでしょう。

＊ 寒天液を流し込む際に氷羊羹が動いてしまわないよう、流し缶の
　壁面に添わせるようにすると動きにくくなり安定します。動いた場合
　は、竹串で整えます。

A

このようにカットしてください。

B

氷筍

夏 Summer

洞窟に見つけた氷筍。
その透明感と清々しさを
ミント風味で

材料

- ·粉寒天 　　　　…1g
- ·水 　　　　　　…100cc
- ·グラニュー糖 　　…80g
- ·ミントリキュール …10cc

器具

- ·充填豆腐ケース
  （約5.5×5.5×3.5cm）…1コ

準備

粉寒天は、分量の水に振り入れて3分ほどおく。

作りかた

1 水に浸した粉寒天を電子レンジで1分30秒加熱する。沸騰するまで加
　熱しよく溶かす。

2 1にグラニュー糖を入れて混ぜ、電子レンジで20秒加熱して溶か
　す。粗熱が取れたらミントリキュールを入れて混ぜ、豆腐ケースに約
　130g流し入れて冷やし固める。

3 2を取り出して1cm弱の拍子切りにし〈A〉、1/2～1/3に斜めに切っ
　て、水晶のようなかたちにする〈B〉。豆腐箱を横にして立て、切った寒
　天を積み重ね〈C〉、2で残した寒天液を再沸騰させ流し入れる〈D〉。

4 型から取り出して、好きな大きさに切って盛りつける。

夏の夜

夏 Summer

夏の始まりは夜の光の乱舞から

材料 4コ分

■ アガー液

- ・アガー　　…6g
- ・上白糖　　…80g
- ・水　　　…150cc
- ・こしあん　…40g
　（上白糖＋10g）

■ 飾り用ねりきり

- ・ねりきり生地　…30g
- ・色粉（黄）　　…少々
- ・抹茶　　　　　…少々
- ・黒ごま　　　…12〜15粒

器具

- ・流し缶
　（7.5×12×4.5cm）…1コ

準備

アガーと上白糖は、よく混ぜておく。

ねりきり生地から5g取り、少量の水で溶いた黄色粉を入れて黄色に染め、12〜15コに取り分けて丸めてつぶし、端に黒ごまをつけて蛍をつくる〈A〉。残りの25gのねりきり生地に少量の水で溶いた抹茶を加えて緑色に染めて4等分してそれぞれラップに挟んでタテ25×ヨコ60×厚サ1mmにのし、包丁で葉っぱのかたちにカットする〈B〉。

作りかた

1　よく混ぜておいたアガーと上白糖に分量の水を少しずつ加えて溶かす。電子レンジで1分加熱し取り出してかき混ぜる。さらに1分加熱して泡が立ち始めたら取り出しよく混ぜて40gを取り分け、こしあんと上白糖10gを加えて溶かし、流し缶に流し入れる。

2　羊羹液が半固まりになったら葉のかたちに整えたねりきりを4つの絵柄を描くようにそっとのせ、1の残りのアガー液を沸騰させ溶かしなおして少し流し入れ、蛍を散らす。半固まりになったら残りのアガー液を加熱して溶かして流し入れ、冷やし固める〈C〉。

3　流し缶から取り出し十字に切り、余分な部分は切り落として盛りつける。

＊ 半固まりとは、表面をそっと指先で触れてみて、指先で弾力を感じるくらいに固まることをいいます（9頁参照）。

＊ アガー液は、人肌温で固まりますから、残りの液が固まらないようあらかじめ湯煎にかけておくか、固まってきたら数秒レンジで溶かしましょう。

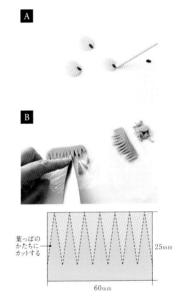

葉っぱの
かたちに
カットする

25mm

60mm

清澄

夏 Summer

冷んやりした向こう側の世界を見つめて

材料
- アガー …8g
- 上白糖 …80g
- 白あん …60g
  （上白糖＋10g）
- みかん風味の飲料水 …180cc
- 色粉(青) …少々

器具
- 流し缶(7.5×12×4.5cm) …1コ

準備

アガーと上白糖はよく混ぜておく。

少量の水で青色粉を溶いておく。

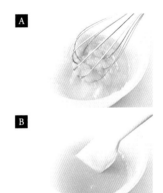

作りかた

1 よく混ぜたアガーと上白糖に風味飲料水を少しずつ入れて溶かし、電子レンジで2分加熱して取り出して混ぜる。さらに1分加熱して泡が立ち始めたらレンジを止めて取り出し、よくかき混ぜて溶かす。

2 1から70gを取り分け、白あんと上白糖10gを入れて泡だて器で混ぜ〈A.B〉、水で溶いた青色粉を入れて青色に染めて流し缶に流し入れる。

3 半固まりの状態になった2〈C〉に、加熱し溶かした残りのアガー液を静かに流し入れて〈D〉、冷やし固める。

4 流し缶から取り出して、器にあわせた大きさに切って盛りつける。

＊2の工程で白あんとアガー液がうまく混ざらず固まってきたら、電子レンジで数秒加熱してください。

＊お好みの風味の飲料水で作ってもいいですね。

水 の 精

夏 Summer

夏に食べたいさっぱりした梅の味

材料

- ·アガー …8g
- ·上白糖 …80g
- ·水 …200cc
- ·梅酒 …30cc
- ·カラー素麺 …10本〈A〉

器具

- ·流し缶
  (7.5×12×4.5cm) …1コ

準備

アガーと上白糖はよくまぜておく。

素麺を沸騰したお湯で柔らかくなるまでゆで、水にさらしてザルに
あげておく〈B〉。

作りかた

1 よく混ぜておいたアガーと上白糖に少しずつ水を入れてよく混ぜ、
電子レンジで2分加熱して混ぜ、さらに1分レンジで加熱して混ぜる。
小さい泡が立つまで繰り返したら、粗熱を取って梅酒を入れて混
ぜ、流し缶に流し入れる。

2 アガー液をゴムべらで混ぜながら冷まし、少し粘りが出てきたら素麺
を竹串で1本ずつ入れる〈C〉。素麺は浮いてくるので落ち着いてくる
までは素麺が浮いてこないよう押さえ、冷やし固める。

3 流し缶から取り出して、器にあわせた大きさに切って盛りつける。

＊透明感を強調するために、無色透明な梅酒を使いました。普通の梅
酒の場合は、うっすらゴールド色になります。

＊流し込んだアガー液に泡が出てきたら、固まる前に楊枝や箸で端に
よせてまとめ、すくい取っておきましょう〈D〉。

逃げ水

固まりとも水ともつかない、
塊を飲むように食べる一品

材料　1コ分

・アガー　　　　…2g
・上白糖　　　　…10g
・水　　　　　　…150cc
・かき氷シロップ　…適量
　（ハワイアンブルー、レモン）

準備

アガーと上白糖はよく混ぜておく。

作りかた

1　よく混ぜたアガーと上白糖は、少しずつ水を入れて溶かし、電子レンジで1分加熱してかき混ぜる。さらに1分加熱して泡が立ち始めたら取り出してかき混ぜて冷やし固める。

2　固まったら、スプーンでざっくりとくずし、準備したグラスに入れ、仕上げに薄めた氷シロップを入れる〈A.B〉。

＊お好みのかき氷シロップで色や風味を楽しんだり、フレーバーウォーターやリキュールなどのお酒をかけてもさらっとおいしくいただけます。

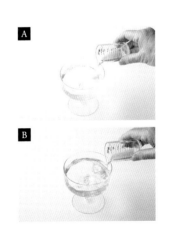

湧水

夏 Summer

泡を食べるスパークリングアップル。
シュワッとりんごの香り。
出来上がるたびに違う表情が楽しい

材料

・粉寒天 …2g ・アップルタイザー（常温）…130cc
・水 …130cc ・色粉（青）…少々
・上白糖 …80g

器具

・流し缶
（7.5×12×4.5cm）…1コ

準備

粉寒天を水に振り入れて3分ほどおく。

青色粉は少量の水で溶き、流し缶に点々とたらしておく〈A〉。

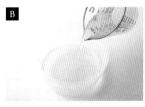

作りかた

1 水に浸した粉寒天を電子レンジで2分加熱し、沸騰させてよく溶かす。
上白糖を入れて混ぜ、電子レンジで20秒加熱しよく溶かす。

2 粗熱を取った寒天液にアップルタイザー〈B〉を入れ、10回ほどかき
まわしてなじませ〈C〉流し缶の端から静かに流し入れ〈D〉、さっと割
り箸でひとかきして青いマーブル状にして冷やし固める。

3 流し缶から取り出して、器にあわせた大きさに切って盛りつける。

＊寒天液が熱いとアップルタイザーの泡があまり立たなくなるので、
粗熱を取ってから入れましょう。

＊寒天液にアップルタイザーを入れた時に泡がたくさん出たら、軽く
まぜて落ち着かせてから流し込みます。泡が多過ぎると固まらない
こともあります。

＊仕上がりがマーブル状になるよう、寒天液を流し入れてからはかき混ぜ
すぎないようにしましょう。かき混ぜすぎると、全体が青色になります。

透明醬油

私の好きな
透明なものたち

Column

なぜか透明なものが好きです、湧き水、氷柱、水晶……。

水晶玉を見ていると、

なにか不思議な世界が見えるような

時間を忘れる魅力があります。

雪が舞い散るスノーボールは、

一度は買い求めたことがあるのではないでしょうか。

ここでは、私のお気に入りの透明グッズを

ほんの少し紹介いたします。

砂時計。じっと時の流れをいつまでも見てしまいます。

テンポドロップ。大航海時代、天候を予測したそう。日々かわる結晶が楽しみ

透明消しゴム。幼いころに憧れた消しゴムがついに登場！

醤油。和菓子にも使いたくなる無色透明なお醤油ができました。

食べる宝石

秋　Autumn

時間の経過でかわる
表面と内側の食感の違いを楽しむ

材料

- 粉寒天　　　　　　　　…4g
- 水　　　　　　　　　　…160cc
- グラニュー糖　　　　　…250g
- リキュール
- (ストロベリー・桜・オレンジ) …各5cc
- 色粉(紫)　　　　　　　…適量

器具

- 充填豆腐ケース
  (5.5cm×5.5cm)
  　　　　　　　　　…4コ

準備

粉寒天を水に振り入れて3分ほどおく。

紫色の色粉は少量の水で溶いておく。

作りかた

1 水に浸した粉寒天を電子レンジで1分加熱しかき混ぜ、さらに1分加熱して泡が立つまでしっかり溶かしかき混ぜる。グラニュー糖を加えて溶かし、ボウルからふきこぼれないよう様子を見ながら30秒加熱し取り出してはよく混ぜる。加熱途中でふきこぼれそうになったら取り出して泡をしずめる。再び30秒ふきこぼれないように注意しながら加熱する。これを4回ほど繰り返してヘラで糸がひくようになるまで寒天液を煮詰める。

2 豆腐ケースに四等分して流し入れ、3つはリキュール、1つは水で溶いた色粉を入れて混ぜ、しっかりと固める。

3 固まったらケースから取り出し、手でちぎったり包丁で切り分けて好みの形に成形して〈A〉、オーブンシートの上に並べて2〜3日自然乾燥する。表面がうっすら固まればできあがり〈B〉。

＊煮詰める目安は、寒天液が糸を引くくらいの感じです。そうなるように時間で区切りながら加熱して様子を確認してください。

＊リキュールを使うことで乾く時間が短縮できます。

＊分量のリキュールで色が薄いようなら、少量の水で溶いた同系の色粉を入れて調整します。

＊リキュール類が手に入らない時は、かき氷シロップや水で溶いた色粉で色をつけてもよいでしょう。

＊刻んだオレンジピールやレモンピールを入れてもおいしくできます。

A

B

月光

秋　Autumn

閉じ込められた中秋の名月

材料　3コ分

- 栗の甘露煮　…3コ
- 上南粉　　　…少々

■ 寒天液
- 寒天　…1g
- 水　…120cc
- 砂糖　…80g

■ 羊羹生地
- 寒天　　…0.5g
- 水　　　…40cc
- 砂糖　　…10g
- こしあん…40g

器具

- セルクル
（直径5×縦3cm）…3コ

準備

栗の甘露煮を月に見立てるので、セルクルに入る大きさのものを3コ用意する。大きい場合は、丸に近い形にカットする。

寒天液、羊羹生地ともに分量の水に粉寒天をふり入れ3分ほどおく。

作りかた

1 羊羹生地用の水に浸した粉寒天を、電子レンジで1分加熱し沸騰させよく溶かす。上白糖を入れてよく溶かして20秒電子レンジで加熱し、こしあんを入れて混ぜ溶かす。セルクルを羊羹液につけてバットに固定し〈A.B〉、残りの液を入れる〈C〉。半固まりになったら、栗をそっとのせる〈D〉。

2 寒天液用の水に浸した粉寒天は電子レンジで2分加熱し、沸騰させてよく溶かす。上白糖を入れて溶かし、20秒ほど加熱して溶かす。

3 2の寒天液が栗にかぶるくらいまで入れて冷やし固め、そっとセルクルから抜く。

4 雲のイメージで上から上南粉をふる。

＊あらかじめセルクルを羊羹液につけることにより、縁から液が流れ出ることを防いでいます。

レインボードリーム

時間をかけてゆっくりと。
色の重なりを楽もう！

材料　直径6×高さ10cmのコップ1コ分

- ・アガー　　　　　　　　…2g
- ・上白糖　　　　　　　　…50g
- ・桃風味の飲料水　　　　…160cc
- ・色粉（紫・青・緑・黄色・赤）　…適量

準備

アガーと上白糖はよく混ぜておく。

色粉はそれぞれに少量の水で溶いておく。

作りかた

1　よく混ぜたアガーと上白糖に風味飲料水を少しずつ入れて溶かして、電子レンジで1分加熱し、取り出してかき混ぜる。さらに1分ずつ加熱し取り出してかき混ぜる作業を繰り返し、泡が立ち始めたら取り出す。

2　1のアガー液を色づけする色数に分けておき、それぞれに色をつけて1色ずつグラスに分け入れる。1色入れて固まったら次の色を重ねていく〈A〉。その時、上に重ねて入れるアガー液が固まっていたら電子レンジで数秒加熱し溶かしてから注ぐ。この作業を繰り返して色の層を重ねる。

＊同じ割合で層を重ねたければ、量を測って色をつけます。

＊次の層を入れるまでに固まってしまったら、次の分量をレンジに約20秒ぐらい入れ溶かして色をつけて注ぎます。

＊流し入れたアガー液が固まったかどうかを判断するには、割り箸の頭をそっと表面につけ弾力があればOKです〈B〉。

＊小ぶりなショットグラスを使って作りました。グラスによっては温度差で割れる可能性がありますのでご注意を。

＊お好みの風味の飲料水で作ってもいいですね。

散りゆく紅葉

秋 Autumn

陽ざしに輝く紅葉のロンド

材料　4コ分

■ アガー液
・アガー	…8g
・上白糖	…40g
・水	…100cc
・道明寺粉(4割大粒)	…4g(2g×2)
・水	…10cc(5cc×2)
・色粉(黄・橙)	…少々

■ 中あん
・白あん	…80g
・抹茶	…少々

器具

・バット
　(14×20cm)　…1コ

準備

アガーと上白糖はよく混ぜておく。

水各5ccに黄の色粉と橙の色粉をそれぞれ入れてかき混ぜ、道明寺粉を2gずつ入れる。水分を吸い込んだら混ぜ、ラップをかけて電子レンジでそれぞれ30秒加熱してさっくり混ぜ、ラップをかけ直して10分間蒸らして芯がなくなればさっと水洗いする〈A〉。

白あんを電子レンジで1分加熱して水分を飛ばし、少しの水で抹茶を溶き練ったものを入れて混ぜて〈B〉、四等分して俵型にする。

作りかた

1　混ぜておいたアガーと上白糖に分量の水を少しずつ入れて溶かし、電子レンジで1分加熱し取り出してかき混ぜる。さらに1分加熱し、泡が立ち始めたらレンジを止めて取り出してよく溶かす。

2　1に色をつけた道明寺粉を入れてかき混ぜ〈C〉、バットに流し入れて冷やし固める〈D〉。

3　バットから取り出して端をカットし4枚の短冊(1枚 約5×13cm)にし、抹茶あんをのせて巻く〈E〉。

＊　アガーは、人肌温で固まりますから、2の作業は手早くしましょう。

パヒュームボトル

秋 Autumn

小さい頃に憧れた母の香水瓶
大人の世界に迷い込んだ記憶

材料

- アガー …9g
- 上白糖 …40g
- 桃風味の飲料水 …180cc
- 色粉（赤・青・橙・黄色） …適量
- フルーツ各種
  （ブドウ・ブルーベリー、パイナップル等） …適量

器具

- 流し缶
  （7.5×12×4.5cm） …1コ

準備

アガーと上白糖はよく混ぜておく。

色粉はそれぞれ少量の水で溶いておく。

蓋にするフルーツはきれいに洗い、カットの必要なものはカットする。
- ブドウはナイフを入れて四方の皮をむく〈A〉
- ブルーベリーはそのままで
- パイナップルは台形にカット

A

作りかた

1 混ぜておいたアガーと上白糖に風味飲料水を少しずつ入れて溶かし、電子レンジで2分加熱して取り出してかき混ぜ、さらに1分加熱してかき混ぜる。小さい泡が立ち始めるまで繰り返したら取り出し、流し缶に流し入れる。

2 楊枝の先に色粉を溶かした色水をつけ、その先を1のアガー液に入れてところどころに色をつけて冷やし固める〈B〉。

3 流し缶から取り出し、香水瓶のかたちに切り、蓋にするフルーツをのせる。

＊お好みの風味の飲料水で作ってもいいですね。

B

薄氷

幼い頃に見た池の氷のきらめき

材料 3コ分

■ 寒天液

・粉寒天　　　　　…1g
・水　　　　　　　…80cc
・上白糖　　　　　…60g
・食べる宝石(40頁)　…適量

器具

・セルクル(直径4.5cm)　…1コ
・セルクル(直径5cm)　…1コ
・セルクル(直径6cm)　…1コ

準備

寒天液用の粉寒天を水に振り入れて3分ほどおく。

食べる宝石は、セルクルに合わせて、小さく割っておく〈A〉。

作りかた

1　水に浸した粉寒天を電子レンジで1分加熱して取り出して混ぜ、さらに30秒加熱して沸騰させてよく溶かす。

2　上白糖を入れて混ぜ、電子レンジで20秒加熱して溶かす。

3　寒天液をバットにうすく流し込み〈B〉、ここにセルクルをのせて固まるまで待ち、固まったら残りの寒天液を約20秒加熱してから流し込む〈C〉。

4　小さく割っておいた食べる宝石をバランスよくセルクル内に配置し〈D〉、冷やし固める。

＊3で先に薄く寒天液を流し込むのは、セルクルの下縁から液が流れ出るのを防ぐため。

＊3で再び寒天液を流し込む際に加熱するのは、薄く流した寒天と密着させるためです。

漆黒の中の光

ノワール、
黒の世界から光溢れる世界へ

材料

■ 寒天液

・粉寒天 …1g
・水 …100cc
・上白糖 …80g
・金箔 …少々

■ 羊羹生地

・粉寒天 …0.5g
・水 …50cc
・上白糖 …20g
・こしあん …50g
・黒ねりごま …小さじ1

器具

・流し缶
（7.5×12×4.5cm）…1コ

準備

・羊羹生地用、寒天液用の粉寒天は、それぞれ水に振り入れ3分ほどおく。

・羊羹生地のうち、こしあんと黒ねりごまはよく混ぜておく。

作りかた

1 羊羹生地用の水に浸した粉寒天を電子レンジで1分沸騰するまで加
　熱しよく溶かす。上白糖と黒ねりごまを混ぜたこしあんを少しずつ入れ
　混ぜてよく溶かし、流し缶に流し半固まりにする。

2 寒天液用の水に浸した粉寒天を電子レンジで2分加熱して溶かす。
　上白糖を加えてよく混ぜ、さらに電子レンジで20秒加熱して溶かす。

3 2の粗熱を取り、とろみが出てきたところに金箔を振り入れて混ぜ込
　み〈A.B〉、1に静かに流し入れて冷やし固める。

4 流し缶から取り出し、器にあった大きさに切って盛りつける。

＊ 寒天液の温度が高いままだと、振り入れた金箔がすべて上部に浮き
　　上がってくるので、少し温度が下がってきたところで入れ混ぜて流し
　　込むとよいでしょう。

A

B

雪の舞

冬 Winter

雪のひとひらを閉じ込めて

材料

- ユリ根
  (小さめのきれいなもの) …20片
- 水 …100cc
- 上白糖 …30g

- アガー …8g
- 上白糖 …100g
- 水 …180cc
- 日本酒 …30g

器具

- 流し缶(7.5×12×4.5cm)
  …1コ

準備

アガーと上白糖をよく混ぜておく。

ユリ根は、外側の部分的に茶色くなっているところははずして、内側の小さめの白くきれいなものを20片ほど選ぶ。小鍋に水100ccを沸騰させ上白糖30gを加えて溶かし、ユリ根を入れて柔らかくなるまで弱火で5〜7分ほど加熱してそのまま冷ます。

作りかた

1 よく混ぜたアガーと上白糖に水を少しずつ入れて溶かし、電子レンジで2分→2分→1分と加熱し、そのつど取り出してよくかき混ぜる。泡が立ち始めたら取り出し、粗熱を取って日本酒を入れて混ぜる。

2 流し缶に半量ほど流し込み、少し固まったらユリ根をそっとバランスよく入れ〈A〉、残りのアガー液を加熱し加えて流し込み、冷やし固める。

3 流し缶から取り出し、器にあった大きさに切って盛りつける。

＊ユリ根は、指で挟むとくずれるくらいの柔らかさに。

＊残りのアガー液は人肌温で固まるので、湯煎にかけておくか、数秒間電子レンジで加熱して溶かしてから流し込みます。

散り椿

冬 Winter

緑色の苔の上に落ちた赤い椿

材料 4コ分

■ アガー液

アガー …6g	白あん …40g
上白糖 …80g	抹茶 …少々
水 …150cc	

■ 飾り用ねりきり

ねりきり生地 …25g	
色粉(赤・黄) …少々	
抹茶 …少々	

器具

・流し缶
（7.5×12×4.5cm）…1コ

準備

アガーと上白糖はそれぞれよく混ぜておく。

少量の水で溶かした抹茶で白あんを緑に染めておく。

飾り用ねりきりは、ねりきり生地から花用に15gを取り分け、少量の水で溶いた赤色粉を加え赤色に染め、12～15コに分けて丸めてつぶす〈A〉。残りの生地から8g取り分け、少量の水で溶いた抹茶で緑色に染め、花の数と同数の葉を作る。涙型に整えてつぶし、葉脈の筋をヘラでつけ〈B〉、赤い花に葉をつける〈C〉。残り2gのねりきり生地に少量の水で溶いた黄色粉で黄色に染め、花の数に丸めてしべをつくり、中心を竹串の頭で押して花につける〈D〉。

作りかた

1 よく混ぜたアガーと上白糖に水を少しずつ入れて溶かす。電子レンジで1分加熱し取り出してかき混ぜる。さらに1分加熱して泡が立ち始めたら取り出してよく混ぜ40gを取り分け、緑に染めた白あんを加えて溶かし、流し缶に流し入れる。

2 羊羹が半固まりになったら十字に四等分して絵柄を描くように準備しておいた椿の花を散し、残りのアガー液を再び沸騰させて溶かして静かに流し入れて冷やして固める。

3 流し缶から取り出し、十字に四等分して盛りつける。

＊ 半固まりとは、表面をそっと指先で触れてみて、指先で弾力を感じるくらいになることを言います。

＊ アガー液は、人肌温で固まりますから、残りの液が固まらないようあらかじめ湯煎にかけておくか、固まってきたら数秒間電子レンジで加熱して溶かしましょう。

A

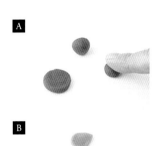

B

C

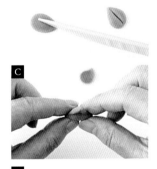

D

モダン羊羹

冬 Winter

チョコレートの羊羹は
珈琲にぴったりな和菓子

材料

- 粉寒天 …1g
- 水 …100cc
- 上白糖 …100g
- こしあん …40g
- ミルクチョコレート …10g
- ミントリキュール …10cc

器具

- 流し缶(7.5×12×4.5cm) …1コ
- ストロー(直径12mm) …1本
- ストロー(直径5mm) …1本

準備

粉寒天を水に振り入れて3分ほどおく。

チョコレートは、細かく刻んでおく。

作りかた

1 水に浸した粉寒天を電子レンジで2分加熱し沸騰させてよく溶かす。
上白糖を加えて混ぜ電子レンジで20秒加熱し、40gを取り分ける。
こしあんと刻んだチョコレートを入れて溶かし、流し缶に流し入れ
てしっかり冷やして固める。

2 1を流し缶から取り出し、ストローでバランスよく穴を開けて竹串を
使って抜き取り〈A.B〉、再び流し缶にセットする〈C〉。

3 残りの寒天液を20秒電子レンジで加熱し、粗熱が取れたらミント
リキュールを入れて混ぜ、2に静かに流し入れて冷やす〈D〉。

4 流し缶から取り出し、器にあわせた大きさに切る。

＊1でこしあんとチョコレートを入れ混ぜる時に温度が下がり固まっ
てきたら、20秒ほど電子レンジで加熱し溶かします。

＊風味づけのミントリキュールのかわりに、オレンジキュラソー(同量)
を使ってもさわやかに仕上がります。

＊アガー液の色が薄ければ、水で溶いた色粉を少量加えます。

凛

冬 Winter

大豆の甘さが際立つ驚き

材料 6コ分

- 粉寒天 …2g
- 水 …200cc
- 上白糖 …80g
- 水あめ …大さじ1
- 青色粉 …適量
- 絹ごし豆腐 …1丁

器具

- 流し缶
  (7.5×12×4.5cm) …1コ

準備

絹ごし豆腐は、表面がなめらかな手ぬぐいなどにくるんで10分ほど水を切りし、25mm四方の立方形に切る。

水に粉寒天を振り入れて3分ほどおく。

少量の水で青色粉を溶いておく。

作りかた

1 水に浸した粉寒天を電子レンジに入れて3分加熱して沸騰させる。取り出して混ぜ、寒天をよく溶かす。上白糖を加えてよく混ぜて電子レンジで20秒加熱して溶かし、水で溶いた青色粉で青色に染めて水飴も加えて混ぜ、電子レンジで20秒加熱して溶かす。

2 流し缶に底から約5mm寒天液を流し入れる。

3 2が半固まりの状態になったら立方形に切った豆腐を等間隔に置き〈A〉、豆腐が動かないように残りの寒天液を再び沸騰させてそっと流し入れる。

4 固まったら、35mm四方のサイコロ型に切る。

＊ 絹ごし豆腐を水切りした際、表面がデコボコしている場合は、その面をカットして使いましょう。

＊ 寒天液が半固まりの状態で豆腐を置かないと、あとの寒天液を流し入れた際に豆腐が浮きあがることがあるので気をつけてください。もし、2で流し入れた寒天液が完全に固まってしまっていたら、残りの寒天液を溶かし、1mmほど流し入れてから豆腐をおくとよいでしょう。

A

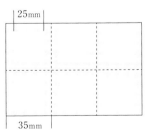

25mm

35mm

材料 Material

本書で紹介した透明和菓子の主な材料は、寒天・アガーです。これらに甘味・色味・風味を加えて冷やして固めてつくります。和菓子独自の素材に、洋菓子などに使用される材料で風味を出すと、思いがけない透明和菓子が生まれます。ここで紹介したレシピにあなたのアイデアを加えて、あなただけのお菓子づくりにチャレンジしてみてください。

かんてんクック

イナアガーL

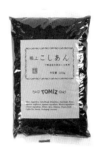

極上 こしあん(富)

極上 白こしあん(富)

かき氷シロップ(富)
メロン・いちご

リキュール(富)
ミント・サクラ

食用色素(富)

道具 Tools

透明和菓子づくりの基本の道具であるボウル・ゴムべらや木べら、ハカリや電子レンジに加えて、生地を流し固めることの多い透明和菓子の道具は、流し込む型が必要となります。玉子豆腐をつくる流し缶や、バット、そして充填豆腐の容器なども手頃な大きさで使いやすい流し型となります。

流し缶（馬）

玉子豆腐器という名称でも販売されている流し缶。扱いやすく清潔なステンレス製のものが主流。

ボウル大（径15cm）（岩）

電子レンジ対応フタつき耐熱樹脂のボウル。耐熱ガラスボウルでも可。

木べら

ねばりのつよい生地を混ぜるときに。

ゴムべら

シリコン製は、高温の液体などを混ぜるときに。

セルクル

100円ショップでも手に入ります。

（岩）岩崎工業株式会社、（富）TOMIZ〈富澤商店〉、（馬）馬嶋屋菓子道具店
撮影協力：FEEL J Style
材料協力：TOMIZ〈富澤商店〉
　　　　　オンラインショップ https://tomiz.com/
　　　　　TEL 042-776-6488

創作和菓子研究家
鳥居満智栄 とりいまちえ

東京生まれ。多摩美術大学グラフィックデザイン科卒業。創作和菓子教室「アンネルネ・マチエル」主宰。和でも洋でもなく可愛くてアイデアに富みデザインセンスもよいと評判になり人気教室に。老舗和菓子店とのコラボや、企業イベント等の体験レッスン、広告等の撮影用和菓子制作を行い、ジャンルを超えて活動の輪を広げて活動中。J:COM 東京「季節を感じる和菓子」TV出演。著書多数あり。また、和菓子の普及とインストラクターの育成に力を入れ、「FOOD ART JAPAN」の立ち上げに参画。一般財団法人生涯学習開発財団の認定証を取得できる「デコ和菓子認定講座」を主宰。

一般財団法人生涯学習開発財団認定「デコ和菓子認定講座」情報
https://pinknoise0.wixsite.com/annerner

◆ ホームページ　　https://www.annerner.com
◆ フェイスブック　　https://www.facebook.com/annerner/
◆ ブログ　　　　　https://ameblo.jp/annerune
◆ インスタグラム　　https://www.instagram.com/wagashi.deco/

アシスタント /
藍原友華・井口千佳子・東真粧美・深川佳栄・松下好恵（デコ和菓子認定講師）

透 明 和 菓 子 ご よ み

2021年6月28日　初版発行

著　　　者　　鳥居満智栄
発 行 者　　納屋　嘉人
発 行 所　　株式会社 淡交社
　　　　　　本社　〒603-8588　京都市北区堀川通鞍馬口上ル
　　　　　　　　　電話（営業）075-432-5156
　　　　　　　　　　　（編集）075-432-5161
　　　　　　支社　〒162-0061　東京都新宿区市谷柳町39-1
　　　　　　　　　電話（営業）03-5269-7941
　　　　　　　　　　　（編集）03-5269-1691
　　　　　　www.tankosha.co.jp

印刷・製本　　シナノ書籍印刷株式会社

©2021　鳥居満智栄　Printed in Japan
ISBN978-4-473-04474-7